L'ARMÉE

DE LA

PREMIÈRE RÉPUBLIQUE

SUR LA FRONTIÈRE DES ALPES

Joseph ...AU

Ancien ... chasseurs alpins
Ancien professeur d'... militaires à l'École de Saint-Cyr
Professeur ... Université de Lyon

Extrait du *Bulletin de l'Académie delphinale* (Année 19..)

GRENOBLE

IMPRIMERIE ALLIER FRÈRES
26, COURS SAINT-ANDRÉ, 26

1902

51
5

L'ARMÉE

DE LA

PREMIÈRE RÉPUBLIQUE

SUR LA FRONTIÈRE DES ALPES

PAR

Joseph PERREAU

Ancien capitaine de Chasseurs alpins
Ancien professeur d'art et histoire militaires à l'École de Saint-Cyr
Professeur libre à l'Université de Lyon

Extrait du *Bulletin de l'Académie delphinale* (Année 1901)

GRENOBLE

IMPRIMERIE ALLIER FRÈRES

26, COURS SAINT-ANDRÉ, 26

1902

L'ARMÉE DE LA PREMIÈRE RÉPUBLIQUE

SUR LA FRONTIÈRE DES ALPES

PAR

Joseph PERREAU

Ancien capitaine de Chasseurs alpins
Ancien professeur d'art et histoire militaires à l'École de Saint-Cyr
Professeur libre à l'Université de Lyon

I

A ses débuts, la Révolution française trouva des adhérents enthousiastes dans tous les rangs de la société, dans toutes les provinces, en particulier dans le Dauphiné qui, par l'assemblée de Vizille, l'avait préparée. Les âmes généreuses écartaient le pressentiment des excès qui devaient ensanglanter la France. Elles se plaisaient à saluer dans la Révolution l'aurore d'une ère de justice et de liberté universelles. Le poète

André Chénier se faisait l'écho de ces nobles illusions quand il chantait les Alpes,

> « ... Monts sacrés d'où la France
> « Voit naître le soleil avec la liberté. »

La nation entière se sentit transportée d'un enthousiasme analogue à celui qui avait suscité les croisades. Au moyen âge, la France s'était constituée le soldat de Dieu ; au début de la Révolution, elle se crut appelée à régénérer le monde.

Les cœurs s'embrasèrent d'une foi nouvelle, qui confondait dans un même élan la liberté et le soldat de la liberté, la France.

Aussi, quand l'étranger annonça ses projets d'intervention, provoqua-t-il l'explosion du patriotisme le plus ardent et le plus pur. Même aux jours les plus sombres de la Terreur, ce patriotisme soutint le courage de l'armée. Ce n'était pas pour des hommes de rang qu'elle combattait ; c'était pour la France elle-même, pour la perpétuité de son existence et de sa mission.

Cependant, en 1792, quand la guerre éclata, les prophètes ne manquèrent pas pour prédire la défaite de la France et l'écrasement de la Révolution. Leurs prophéties paraissaient étayées sur des comparaisons et des jugements infaillibles.

Quel spectacle, en effet, présentait chacun des deux camps ? D'un côté, c'étaient les nombreux bataillons de l'Autriche et de la Prusse, que s'apprêtaient à renforcer le Piémont, l'Espagne, l'Angleterre, toute l'Europe. C'était, en un mot, la supériorité écrasante du nombre ; c'était la quantité des troupes ; mieux encore, c'était la qualité.

Parmi les armées qui menaçaient nos frontières, la plus redoutable était l'armée prussienne, toute glorieuse encore des victoires du grand Frédéric. Sa discipline, ses manœuvres apparaissaient comme des modèles que les autres armées européennes s'efforçaient d'imiter, en désespérant d'atteindre jamais pareille perfection. Le soldat prussien avait été transformé en automate, en machine, par une discipline de fer, fondée sur les coups de bâton et de plat de sabre. Grâce à ce dressage, les officiers, élèves et admirateurs du grand Frédéric, obtenaient des résultats qu'ils proclamaient merveilleux. Dans un bataillon prussien, les alignements, les marches, les feux, se réalisaient avec la rigidité d'une barre de fer et le synchronisme d'un mécanisme d'horlogerie.

Quel était le spectacle dans le camp français ? Ici également, la vieille monarchie, que la Révolution venait d'emporter, avait formé de solides régiments. comparables pour la discipline et les manœuvres à ceux de la Prusse et de l'Autriche, et plus glorieux encore par l'antiquité et l'éclat de leurs services. Ces corps avaient leur histoire et leurs noms, illustrés par des siècles de vertus militaires et d'héroïsme. Ils s'appelaient les régiments de *Champagne*, *Piémont*, *Lyonnais*, *Viennois*, *Dauphin*, *Dauphiné*... En principe, leur recrutement avait sa source dans l'enrôlement volontaire.

Malheureusement, au début de la guerre, les vieux régiments n'étaient plus que l'ombre d'eux-mêmes. La Révolution avait remplacé par des numéros leurs noms glorieux, effroi de l'ennemi. Les idées de révolte et d'anarchie avaient pénétré dans leurs rangs ; les officiers avaient émigré en grand nombre ; les soldats eux-mêmes ne se recrutaient plus ; les effectifs fondaient de jour en jour.

Telle était l'armée régulière ou armée de ligne, répondant à l'armée active de notre époque. Pour lutter contre les gros et innombrables bataillons de la coalition, son insuffisance numérique était manifeste. Les assemblées qui incarnaient le pouvoir : — *Législative, Constituante, Convention,* — crurent remédier à cette insuffisance en faisant appel à la *garde nationale.*

On appelait ainsi une sorte de production spontanée de la Révolution. Sur toute la surface du territoire, les populations s'étaient armées. Il s'était ainsi formé une masse tumultuaire de deux à trois millions d'hommes, qui prit le nom de garde nationale. De cette masse, les pouvoirs révolutionnaires tirèrent un certain nombre de bataillons de *volontaires nationaux,* qu'ils envoyèrent aux armées.

Comme valeur morale, les volontaires étaient très inégaux. Les uns, les plus honorables, étaient réellement volontaires de nom et de fait ; ils étaient accourus à la proclamation de la *Patrie en danger.* Les autres se conduisirent bravement au feu, mais il avait fallu les contraindre à marcher. C'étaient les hommes de la *réquisition* et de la *levée en masse.* Quant à la qualité militaire, elle était la même pour tous, c'est-à-dire nulle.

C'est à peine si, individuellement, chaque volontaire savait charger son fusil, ajuster et tirer. Quant aux feux de salve, quant aux manœuvres d'ensemble qui faisaient la tactique et la force des armées de la coalition, il ne fallait pas songer à les demander aux volontaires nationaux.

Ainsi, l'issue de la lutte n'était pas douteuse au dire des augures, des experts militaires, pour employer une expression bizarre du journalisme de notre époque. L'issue de la lutte, c'était nos fantômes de régiments balayés

par les masses de la coalition, c'était la cohue de paysans
et de savetiers, qu'on décorait du nom de volontaires, ra-
menée à coups de crosse par les grenadiers prussiens,
sabrée par les hussards hongrois. C'était, en résumé,
l'écrasement de la Révolution, l'invasion et le démembre-
ment de la France.

Comment l'histoire a-t-elle répondu à ces présages?
C'est, après quelques hésitations inévitables, par une
suite ininterrompue de triomphes: *Fleurus, Rivoli, Zu-
rich, les Pyramides, Marengo.* Par quel concours de circonstances toutes les prévisions des habiles, tous les cal-
culs de la raison même ont-ils pu, à ce point, se trouver
déjoués? L'histoire permet de dégager l'inconnue de ce
problème déconcertant.

II

A cette époque extraordinaire qu'on appelle la Révolution française, toutes les passions, toutes les forces sociales se heurtent et bouillonnent dans le chaos, comme jadis la terre aux premiers âges de la vie.

Du chaos terrestre la nature a tiré les monstres terrifiants que révèle la paléontologie, ces amphibies géants, ces serpents ailés. De même, la fermentation révolutionnaire a produit l'organisme et la force appelés à vaincre l'Europe, c'est-à-dire l'organisation et la tactique de l'armée républicaine.

Dans l'armée de la première République, il est deux éléments que l'histoire montre associés constamment: la *tradition* et la *Révolution*. La tradition, c'est l'héritage militaire de l'ancienne France : la solidité des vieux régiments, la science des officiers, les cartes topographiques, les mémoires conservés dans les archives. La Révolution, c'est le souffle nouveau, l'enthousiasme patriotique. C'est l'inspiration des jeunes généraux, c'est l'énergie du Comité de Salut Public et des représentants du peuple en mission aux armées. Les deux principes d'activité de l'armée républicaine sont étudiés ici dans l'ensemble des opérations générales et, plus particulièrement, sur la frontière des Alpes.

Le dualisme de la tradition et de la Révolution se manifestait d'une manière évidente, matérielle même, dans les premières armées, dans celles qui combattirent avec des fortunes diverses à *Valmy*, à *Jemmapes*, à *Neerwinden,* dans celles qui firent la rapide conquête de la Savoie et du Comté de Nice. L'infanterie, en particulier, présentait, à côté des vieux régiments de l'armée royale vêtus de blanc, les bataillons de volontaires qui portaient l'habit bleu foncé.

Les vieux régiments étaient organisés à deux bataillons de six cents hommes. Ils étaient exercés aux manœuvres de l'ordonnance de 1791, imitée de l'armée prussienne ; mais le bon sens national avait répudié les exagérations qui transformaient le soldat de Frédéric en automate inconscient.

L'imitation des manœuvres prussiennes était une concession accordée aux nombreux admirateurs que les succès de Frédéric lui avaient acquis parmi les officiers français. Cette concession ne fut pas acceptée sans protestations. Contre l'école des théories prussiennes avait surgi une *école française*. La controverse a duré quinze ans et n'a pris fin qu'au début des guerres de la Révolution. Si l'ordonnance de 1791 consacra le triomphe officiel de l'*école prussienne*, les champions de l'école française familiarisèrent l'armée et le public avec des théories de tactique et d'organisation auxquelles les circonstances allaient donner la consécration d'une pratique victorieuse. C'est ainsi que l'on trouve dans les écrits de l'école française les germes de la tactique des tirailleurs et de l'organisation divisionnaire.

L'émigration avait moins désorganisé l'armée régulière que ne l'avaient espéré les ennemis de la Révolution et de la France. L'esprit de privilège et de favoritisme, qui était la règle de l'ancien régime finissant, avait peuplé les corps militaires d'officiers amateurs, d'officiers de salon et de cour. Au contraire, les cadres des sous-officiers étaient formés de sujets très instruits et très méritants, auxquels le monopole des privilégiés interdisait seul un avancement légitime. L'émigration ne fut pas générale. Aux régiments elle enleva surtout les amateurs.

Les autres officiers demeurèrent en grand nombre à leur poste de danger et d'honneur. Ainsi sont restés *Kellermann*, le vainqueur de Valmy, qui a commandé l'armée des Alpes et délivré la Savoie de l'invasion piémontaise ; *Berthier*, officier d'état-major, qui a appliqué à la frontière des Alpes ses connaissances spéciales ; *Carnot*, l'organisateur de la victoire ; *Bonaparte*, qui devait devenir le général en chef de l'armée d'Italie et commencer avec elle l'éblouissante fortune de *Napoléon*.

Les officiers disparus par l'émigration furent remplacés avantageusement par les excellents éléments que contenait alors la classe des sous-officiers. Parmi les illustrations militaires issues de cette origine on peut citer *Augereau, Masséna, Murat,* qui ont exercé des commandements sur la frontière des Alpes.

A côté des bataillons de volontaires nationaux, les historiens rangent habituellement les créations similaires, enfantées par le mouvement révolutionnaire. Telles étaient les légions, qui comprenaient chacune de l'infanterie, de la cavalerie et de l'artillerie. Les Alpes en virent s'organiser deux : *la légion allobroge*, recrutée par des patriotes savoyards, et la *légion des Alpes*. Des corps francs se créaient spontanément. Un des plus célèbres est le bataillon des *chasseurs des Alpes*, formé à *Briançon* par *Balthazar Caire*. En 1794, Caire s'empara par surprise du fort piémontais de *Mirabouc*, qui barrait complètement le chemin du *col Lacroix*. En 1796, les chasseurs des Alpes prirent le nom de *guides à pied*. Ils furent envoyés à l'armée d'Italie, où ils continuèrent à rendre de grands services comme troupe d'avant-postes et comme éclaireurs.

Les volontaires nationaux et formations similaires étaient parfaitement incapables d'exécuter les manœuvres de l'ordonnance. Par contre, ils étaient enthousiastes; ils ne demandaient qu'à marcher. Et ils marchaient, en chantant les hymnes patriotiques, la *Marseillaise* et le *Chant du Départ*. Ils recevaient les boulets ennemis par le cri de *Vive la Nation !* Tous les témoignages sont unanimes à constater cette ferveur patriotique des débuts de la Révolution, que ce soit le journal d'un enfant du peuple comme le *sergent Fricasse*, ou les mémoires des maréchaux de France *Marmont, Soult, Gouvion-Saint-Cyr,* ou les observations d'un officier étranger comme *Costa de Beauregard* « l'homme d'autrefois ». Les étrangers, surtout, étaient frappés de ces chants et de cette gaîté, des proclamations enflammées des généraux, de la confiance réciproque du soldat et de l'officier, qui contrastaient avec le silence et la morgue des armées de la coalition. Dans ces phénomènes moraux ils ne tardèrent pas à reconnaître une source d'énergie jusqu'alors inconnue.

Loin de songer à comprimer les facultés actives de leurs soldats, les généraux français eurent l'heureuse inspiration de les diriger, de les canaliser, et ils ont, par ce moyen, créé la tactique des *tirailleurs*.

Les volontaires se dispersaient derrière les haies et les rochers. Ils tiraient sans se presser, en ayant soin de bien viser et presque toujours à coup sûr. Ils s'avançaient ensuite vers l'ennemi non plus en lignes rigides, marchant avec la régularité d'un mécanisme d'horlogerie, mais en longues bandes flottantes, qui se courbaient en suivant les inflexions du terrain, traversaient au pas de course les espaces battus par le feu et s'arrêtaient au contraire derrière les crêtes, les murs, les abris.

En arrière des bandes de tirailleurs s'avançaient les bataillons des régiments de ligne, qui savaient manœuvrer à rangs serrés. Ces bataillons se formaient en colonnes régulières dans les parties unies du terrain, dans les fonds élargis des vallées, sur les terrasses, sur les crêtes gazonnées et praticables ; c'étaient les troupes de choc. Quand le feu des tirailleurs paraissait avoir suffisamment ébranlé l'ennemi, les généraux lançaient à la baïonnette les colonnes d'attaque. Celles-ci marchaient au pas de charge, poussaient au passage les bandes des volontaires; et l'infanterie tout entière se jetait à l'assaut sur la position ennemie.

Ainsi naquit spontanément, sur les premiers champs de bataille de la Révolution, la tactique des tirailleurs. Elle est l'antithèse de la tactique prussienne, car elle a pour principe l'initiative et l'intelligence du soldat, tandis que la seconde a pour condition l'anéantissement des mêmes facultés. La tactique nouvelle déconcerta les généraux de la coalition et fut à elle seule une cause de succès.

Cependant, tandis que le nombre des anciens régiments royaux restait stationnaire, et qu'il diminuait même par la disparition des régiments étrangers, les bataillons de volontaires nationaux se multipliaient sans limite. Le Ministère de la Guerre et les généraux eux-mêmes finissaient par ne plus s'y reconnaître. L'armée menaçait de dégénérer en un chaos d'un million d'hommes, impossible à administrer et à commander. La nécessité d'une organisation nouvelle s'imposait.

La réorganisation de l'armée a été votée en 1793 par la Convention. Elle porte dans l'histoire le nom d'*amalgame*. Le mot avait été emprunté à la chimie, science alors nouvelle et qui était à la mode comme toutes les nouveautés. L'amalgame chimique est l'alliage intime d'un métal avec le mercure ; l'amalgame militaire de 1793 est l'alliage intime des deux éléments disparates qui composaient alors l'infanterie française : les régiments de ligne et les bataillons de volontaires nationaux. Aux termes des décrets de la Convention, les deux éléments furent amalgamés dans la proportion d'un bataillon de ligne pour deux bataillons de volontaires. Le composé, fort de trois bataillons, reçut le nom de *demi-brigade*.

Dans la demi-brigade il n'y eut plus qu'un seul uniforme, l'habit bleu des volontaires nationaux ; l'habit blanc de l'ancienne infanterie royale disparut sans retour. Le mot nouveau de demi-brigade remplaçait l'ancienne dénomination de régiment ; le titre de colonel fut remplacé par celui de *chef de brigade*. La cavalerie conserva son ancienne organisation et ses anciens noms de régiment et de colonel.

L'amalgame réunissait les deux principes d'activité de l'armée républicaine : la tradition avec la Révolution, la solidité et l'habileté manœuvrière de l'armée de ligne avec l'initiative et l'élan des volontaires. Les demi-brigades se montrèrent partout aussi remarquables par leur discipline que par leur patriotisme.

Dans le domaine de l'organisation, les armées de la République virent s'accomplir encore un autre progrès, gage de victoire. C'est la création de la *division*, c'est-à-dire d'une unité de huit à dix mille hommes, réalisant comme une armée en réduction avec son infanterie, sa cavalerie, son artillerie. Une armée formée de plusieurs divisions est un organisme articulé, capable de concilier les deux conditions du problème de la guerre, hérissé de contradictions : se disperser pour marcher et pour vivre, se concentrer pour combattre.

Sans qu'il soit besoin de s'engager dans des développements techniques, il est facile de concevoir quelle supériorité de mobilité et de puissance les armées républicaines tiraient de l'organisation divisionnaire. D'autres causes encore contribuaient à accroître cette supériorité.

Les armées de l'ancien régime marchaient encombrées par d'interminables convois de voitures et de bêtes de somme. Ces équipages transportaient les bagages des officiers, les tentes de la troupe, les subsistances des hommes et des chevaux. Dans les mêmes armées le recrutement des soldats avait lieu pendant les quartiers d'hiver ; c'était un recrutement intermittent.

Avec la Révolution, tout change. Les armées, débarrassées de bagages et de tentes, cantonnent chez l'habitant ou bivouaquent à la belle étoile. Plus d'équipages encombrants. Il n'y a même plus de convois de vivres. On vit sur le pays occupé, par réquisition : la guerre nourrit la guerre. Des dépôts de recrues, installés dans les places fortes, reçoivent l'afflux incessant des hommes fournis par la levée en masse ou les engagements volontaires. Dans ces dépôts, les jeunes soldats sont équipés, armés ; ils partent par détachements pour rejoindre les demi-brigades en campagne. Au recrutement intermittent de l'ancien régime a succédé un recrutement inépuisable et à jet continu.

Or, ces vieux errements, ces routines de l'ancien régime, les armées de la coalition y restèrent longtemps et

obstinément fidèles. Ce n'est qu'après des séries de
défaites retentissantes et réitérées qu'elles s'assimilèrent,
tardivement et à regret, les victorieuses méthodes d'organisation, d'administration et de tactique des armées
françaises.

En matière militaire, la Convention délégua ses pouvoirs au *Comité de Salut Public* et, en dehors de Paris,
aux représentants du peuple en mission auprès des diffé-
rentes armées de la République. Au Comité, l'âme de la
direction militaire fut Carnot, qui mérita par ses services
son surnom historique d'organisateur de la victoire.
Quant aux représentants en mission, ils déployèrent une
activité dévorante, stimulant les généraux, les destituant,
mettant en marche les renforts, réquisitionnant les subsistances. Ils réalisaient pour les armées la plus expédi-
tive et la plus efficace des intendances. Comme moyen de
pression ils avaient à leur service la guillotine et la terreur. Telle était l'action révolutionnaire, irrésistible comme
la tempête, mais trop souvent aussi, comme la tempête,
aveugle et perturbatrice. Un fait indiscutable, c'est qu'elle
a concouru, avec l'enthousiasme patriotique, à imprimer
aux opérations militaires un caractère d'énergie dont
l'histoire n'offre aucun autre exemple.

III

Sur la frontière française des Alpes, le canon a tonné sans interruption depuis l'automne de 1792 jusqu'au printemps de 1796. Comme sur les autres échiquiers, la guerre s'y est montrée animée par les deux principes d'activité des armées républicaines, la tradition et la Révolution.

La tradition, en particulier, s'y montre sous un aspect digne de fixer l'attention de l'Académie delphinale.

Au xviiie siècle, sous les règnes de Louis XIV, de Louis XV et de Louis XVI, la frontière française des Alpes a été étudiée avec le plus grand soin. Les généraux qui ont commandé sur cette frontière, *Catinat, Berwick, Maillebois,* ont laissé une volumineuse et instructive correspondance. Ils ont rédigé des mémoires sur l'utilisation des passages et des positions et sur les différents problèmes qui résultent de la combinaison des troupes, des subsistances et des transports, avec les difficultés de la montagne. En outre, pendant près d'un siècle, le massif alpin a été parcouru, reconnu, traduit en cartes détaillées, en notices des plus explicites. Ces travaux étaient exécutés par des officiers du plus grand mérite. Ceux-ci appartenaient aux différents corps de l'état-major, des ingénieurs géographes et du génie. Les noms les plus illustres de cette pléiade sont *La Blottière, Pezay, Montannel* et surtout *Bourcet.*

Les services que ces officiers ont rendus au pays ont été prolongés en quelque sorte, par les membres de l'Académie delphinale qui ont publié leurs œuvres. Qu'il soit permis de citer à ce titre *M. Henry Duhamel* et *M. le colonel de Rochas d'Aiglun*.

Au moment de la Révolution, l'immense dossier des travaux topographiques et militaires sur les Alpes était conservé, partie au Ministère de la Guerre dans les deux célèbres collections du *Dépôt de la guerre* et du *Dépôt des fortifications*, partie dans les archives et les bibliothèques des places fortes et des villes de la frontière. C'était une mine inépuisable. Elle a été largement exploitée par les officiers de mérite que la monarchie avait légués à la République, les *d'Arçon*, les *Berthier*, les *Bonaparte*. Ils y ont trouvé les éléments des plans d'opérations et la solution des problèmes militaires que faisaient naître les circonstances de guerre.

Quant au second principe d'activité des armées républicaines, le principe révolutionnaire, il commença par compliquer étrangement la tâche des généraux. Ceux-ci étaient suspectés, rappelés, destitués, replacés. Les troupes chargées de la défense des Alpes étaient elles-mêmes, arbitrairement, tantôt groupées sous un commandement unique, tantôt divisées en deux armées. C'est cette dernière répartition qui finit par prévaloir. Dans la partie nord de la chaîne, les troupes constituaient *l'armée des Alpes*. Celle-ci était commandée par Kellermann. Au sud, combattait *l'armée d'Italie*. Elle reçut différents chefs, en dernier lieu le général Bonaparte. L'effectif de chacune des deux armées oscillait autour de 35,000 combattants.

Il ne saurait être question d'entrer ici dans le détail des opérations militaires qui se sont déroulées pendant quatre ans, depuis le lac de Genève jusqu'à la Méditerranée. L'exemple choisi est une application particulièrement instructive des principes d'organisation et d'action des armées républicaines. C'est la période des débuts de la campagne d'Italie, au printemps de 1796.

Quand le général Bonaparte reçut le commandement de l'arméed'Italie, le pouvoir était passé, depuis peu, de la *Convention* au *Directoire*. L'un des cinq directeurs était Carnot. Bonaparte se trouvait à Paris depuis un an. On connaît assez le rôle qu'il a joué pour protéger la Convention dans la journée du 13 vendémiaire. Ce que l'on sait généralement moins, c'est que Bonaparte a été attaché plusieurs mois au *Bureau topographique du Comité de Salut Public pour la direction des opérations militaires*. Dans cette position, il put largement explorer et exploiter la mine des documents alpins. Au quartier général de l'armée d'Italie il apportait un plan de campagne élaboré de concert avec Carnot.

Aux termes de ce plan, l'armée française devait tourner le rempart des Alpes par la région du *col de Cadibone*. On donne ce nom à une dépression des montagnes de la *Ligurie* dont l'altitude au-dessus du niveau de la mer atteint à peine 495 mètres. C'est au col de Cadibone que les géographes placent la séparation conventionnelle des Alpes et des Apennins. Les Alpes tournées, l'armée française devait pénétrer dans le Piémont et forcer le roi de Sardaigne à poser les armes en séparant sa cause de celle des Autrichiens.

Or, toutes les dispositions de ce plan si militaire se retrouvent dans les projets et les manœuvres d'un général de Louis XV, le *maréchal de Maillebois*. En 1745, un demi-siècle avant la campagne d'Italie, le maréchal avait pénétré dans la plaine du Pô par le col de Cadibone. Maillebois a donc été réellement un initiateur de Bona-

parte. C'est un détail qui a été laissé dans l'ombre par
Napoléon et les créateurs de la légende napoléonienne,
mais sur lequel la critique moderne est absolument fixée.
Ce point a été mis en lumière par les juges les mieux
informés et les plus compétents ; il suffit de citer *M. le
général Pierron*. Mais ce que Bonaparte n'a pu emprunter
au général de Louis XV, c'est la bravoure des troupes
républicaines et leur organisation, c'est sa propre activité,
imitée de l'énergie révolutionnaire, ce sont les soudaines
illuminations de son génie, si souvent et si heureusement
inspiré sur le champ de bataille.

En 1796, l'armée ennemie opposée à l'armée française
d'Italie était commandée par le général autrichien *Beaulieu*. Elle se subdivisait en deux grands contingents :
l'armée piémontaise commandée par *Colli*, et l'armée
autrichienne, sous le commandement direct de Beaulieu.
Les Piémontais étaient au nombre de 20,000, les Autrichiens de 40,000 ; au total, 60,000 ennemis contre 35,000
Français. Conformément à l'organisation divisionnaire,
l'armée française était fractionnée en quatre divisions
commandées par les généraux *Sérurier, Augereau, Masséna, Laharpe*.

Les premiers mouvements des deux partis eurent pour
résultat d'amener une extension démesurée du front
d'opérations des forces austro-piémontaises. Ce front se
développait près des crêtes qui bordent le golfe de Gênes.
De la droite à la gauche il mesurait soixante-dix kilo-
mètres. En d'autres termes, les corps ennemis formaient
un immense cordon, également faible sur tous les points.
Cette circonstance frappa l'esprit de Bonaparte. Avec la
rapidité de son génie, il arrête immédiatement ses dispositions pour en profiter. Il est d'ailleurs très heureuse-

ment servi par l'organisation de son armée, par ses quatre divisions qu'il peut concentrer ou séparer à son gré, manœuvrer, en un mot, comme les pions sur les cases d'un échiquier.

Le 12 avril, avec les deux divisions Laharpe et Masséna, Bonaparte refoule le centre ennemi au combat de *Montenotte*. Dès ce moment, il occupe une ligne intérieure entre les deux masses ennemies, les Piémontais à sa gauche, les Autrichiens à sa droite. Le général va, alternativement, contenir l'une des deux masses avec une partie de ses divisions, peser sur l'autre avec le reste, jusqu'à ce qu'il ait définitivement séparé les deux contingents ennemis.

C'est ainsi que les Piémontais sont battus à *Millesimo* par Augereau le 13 avril, les Autrichiens à *Dego*, par Masséna et Laharpe le 14 et le 15 avril. A partir de cette dernière date, les Autrichiens sont en retraite sur Milan et les Piémontais définitivement isolés. A la droite française, Laharpe reste en observation face aux Autrichiens, à la gauche, Masséna, Augereau, Sérurier, convergent contre Colli, l'accablent à *Mondovi* le 22 avril et débouchent à sa suite dans la plaine du Piémont.

Aucun obstacle naturel ne protégeait plus Turin. Dans sa capitale, le roi de Sardaigne était terrifié. Il fit parvenir au général Bonaparte des propositions de paix. Le général n'avait pas qualité pour traiter de la paix, mais il proposa un armistice. L'armistice fut, en effet, signé à *Cherasco* le 28 avril. Comme garantie de sa bonne foi, la cour de Turin remettait plusieurs places fortes et dispersait son armée dans les garnisons.

Ainsi, quinze jours avaient suffi à Bonaparte pour mettre les Piémontais hors de cause. Dès lors, il était libre de se porter avec toutes ses forces contre les armées de l'Autriche. Pendant un an il allait leur infliger les retentissantes défaites de *Lodi, Castiglione, Arcole, Rivoli,* les poursuivre à travers les Alpes autrichiennes et dicter la paix en vue de *Vienne*.

A Sainte-Hélène, Napoléon a écrit, ou plutôt dicté, la relation de la campagne d'Italie. Naturellement, cet écrit a tous les caractères d'une apologie personnelle ; il appelle sur plus d'un point les rectifications de l'historien. Toutefois, le récit y revêt fréquemment une couleur saisissante. Voici dans quels termes Napoléon décrit l'impression que ressentit l'armée française quand, du sommet des montagnes liguriennes, elle découvrit la plaine du Piémont.

« Le *Pô*, le *Tanaro*, une foule d'autres rivières serpen-
« taient au loin. Une ceinture blanche de neiges et de
« glace d'une prodigieuse élévation cernait à l'horizon ce
« riche bassin de la terre promise. Ces gigantesques
« barrières, qui paraissaient les limites d'un autre monde,
« que la nature s'était plu à rendre si formidables, aux-
« quelles l'art n'avait rien épargné, venaient de tomber
« comme par enchantement. « Annibal a forcé les Alpes »,
« dit Napoléon, en fixant son regard sur ces montagnes,
« nous, nous les avons tournées. »

JOSEPH PERREAU.

Clichés communiqués par la maison Henri GAUTIER, éditeur,
55, quai des Grands-Augustins, Paris.